# 나비가 된 벌레

임종천 시집

# 나비가 된 벌레

인 쇄 | 2008년 12월 18일
발 행 | 2008년 12월 22일

저 자 | 임 종 천
발행인 | 박 상 규
발행처 | **도서출판 보성**

주 소 | 대전광역시 동구 삼성2동 318-31
전 화 | (042) 673-1511
팩 스 | (042) 635-1511
E-mail | bspco@hanmail.net
등록번호 | 61호
ISBN 978-89-6236-015-8 03810

값 8,000원

# 무형의 연금술사 임종천 시인

민 용 태
(시인, 고려대 교수)

『현대 문학』에서 시를 가르치다 만난 시인 임종천이다. 『심상』으로 추천을 받아 등단을 하고 이렇게 시집을 내게 되니 가르치는 자의 보람이 크다.

임 시인은 우리 詩가 버려둔 무형적 이미지를 형상화하는 연금술사다. 그에게 가면 "그리움은 고아다. 그에게 가면 안개는 여명 속에 누워 코를 곤다."

소월이나 영랑으로 물결쳐온 풋풋한 정감의 언어들이 임시인의 손에 가면 또 다른 살을 얻어 새로운 냄새와 상징으로 메아리침을 본다.

삶의 체험 속에서 절박하게 다가오는 주제를 참신한 시어로 제시할 줄 아는 노력이 좋다. 사랑도 아픔도 절제된 언어의 마술 속에서만 그 깊이를 얻는다.

시는 느낌의 표현이 아니라 승화다. 아니면, 말로부터 되 일어나는 말의 삶이다. 그런 뜻에서 임 시인의 노력은 앞으로 우리 시에 또 다른 서정의 맛을 불러일으키는 빛일 수 있다. 정진 바란다.

# 자 서

남들보다 아픔 하나 더 갖고, 고질적인, 하나님도 못 말리는 외로움이라는 질병을 앓고 있는 나는 자연스럽게 詩라는 친구와 친근해 질 수 있었다.

내가 이해하는 시는 석쇠 위에서 향을 사르며 구어지는 생선위에서 탁, 탁 튀는 소금을 시라고 이해한다.

프라이팬 위에서 손등 위로 뛰어오르는 뜨거운 기름방울을 시라고 이해한다.

웃으면서 우는 것 같고 울면서도 웃는 당신의 얼굴이 시라고 이해한다.

빨간 흔적, 시는 영혼에 흔적을 남겨야 한다고 생각하기 때문에 나는 하늘 밑 조그만 골방에서 고호가 귀를 잘라내듯, 문신을 아프게 새기듯 백치 같은 외로움에 몸부림치면서 많은 날을 아파하며 시를 썼다.

그 외로움을 넉넉한 품으로 받아주시는 분이 있었다. 바로 나의 아버지 하나님이시다. 그 분에게

먼저 이 시집을 바치고 싶다. 그리고 난해한 시의 세계에서 당황하던 나에게 올바른 방향을 제시하며 가르쳐 주신 민용태 교수님에게 감사를 드린다. 또한 내 마음에 숨겨진 신앙의 세계까지 꿰뚫어보시고 시 해설을 해 주신 유승우 교수님께 고개숙여 심심한 감사 인사를 드린다.

# 차 례

제 1 부

# 나비가 된 벌레

# 나비가 된 벌레

사랑을 갉아먹고
자라는 벌레였습니다.

당신의 내부에
눈물의 파도가 꿈길처럼 아득한 줄 모르고
아픔의 활화산이 있는 줄 모르고
당신의 풍만한 푸른 가슴을
마냥 탐하며 몸집이 자랐습니다.

어느 날,
뻐꾹새의 울음이
나의 딱딱한 껍질을 벗길 때
눈부시게 깨어나
변화된 내 몸에 날개가 있음을
깨닫고 감격하였습니다.

당신은
이빨 자국이 선명한 가지가지마다

눈물과 아픔으로
향기로운 꽃을 피우고 웃었습니다.

난,
우매한 행위를 속죄하며
긴 촉수를 그대의 기쁨에 타는
가슴에 묻고
한참이나 울었습니다.

## 사랑

외로움은 바늘구멍으로 낙타도 통과시키는데
자존심은 장미꽃도 꽃이 아니라고 우기는구나

사와
랑 사이

메아리는 골이 깊어 뻐꾹새를 울리고
장미꽃은 산이 높아 눈물만 가시로 피어내는구나

사와
랑 사이

세월의 물살은 산의 무릎을 깎아 키를 낮추는데
쓸데없이 뿌리만 깊어 움직일 줄 모르는구나

## 네가 원하면

너는 100마일 자동차 눈빛
순간 나의 몸을 꿰뚫고 지나갔다.
독화살보다 더 뜨겁고 차운 암시
원한다면 정면충돌한 낙서처럼
나를 구겨 줄 수 있다

해는 떴다가 다시 지고
달은 졌다가 다시 뜨는데,
원한다면 되어 주리라

양귀비 향기에 취한 바람난 바람
장난감 가게에서 장난스럽게 인사를 하는데
나는 미소를 보내지 못했다
아직 각인학습이 덜 된 까닭이다

낮은 밤이 되고
밤은 낮이 되는데

원한다면 나의 창백한 이성에
모르핀 주사를 놓으리라
춤도 추워 보리라, 허수아비 춤.

강은 바다로 가고
바다는 다시 하늘로 가는데
원한다면 되어 주리라

허탈감 같은 양귀비 향은
마약 주사를 맞고
흔들리는 바다에 시를 쓴다

원한다면 난해한 너의 눈빛
꿀꺽꿀꺽 삼키고
소화불량으로 한밤을 파도로 뒹굴다가
아침 햇살을 보며
아득한 백사장으로 까무러치리라

# 잠들고 싶다, 그대에게 다가서고 싶다

잠들고 싶다 붙이지 못하는 편지로
그대에게 다가서고 싶다.
햇빛 속에서 부서지는 찌고이네르바이젠 음률로
잠들고 싶다.

바람에 울렁이는 밀밭의 맥박 소리로
나비의 치솟는 춤사위로
그대에게 다가서고 싶다.

아, 하늘과 땅의 거리가 너무 넓어
당신과 나의 거리가 너무 길어
하늘 옷자락을 끌어내리려는 안타까운
종달새의 몸부림으로 잠들고 싶다.

의식을 잃어가면서도 "이것이 사랑이야!"
식충 꽃에 큐피드 화살을 맞은
순전한 꿀벌의 사랑으로
그대에게 다가서도 싶다.

# 방파제

돌문을 들어 올리듯
옛 일기장을 연다.

기억은 겨울에 깨어난
파충류 되어 오돌돌 떨고

안개 자욱한 새벽 바다에
의식은 무인도 되어
눈 비비며 일어서고

그대에게 향한 불씨는
아직도 잠들지 않아

한숨 소리에도 불길이 사납게 일어나고

가슴이 타고
갈증이 나고

옛 기억을 넘기다가
사랑의 상흔에 가슴이 아리고

# 그대가 나에게 오실 때

그대가 나에게 오실 때
그 발걸음 다가와
땅과 하늘이 푸른 파도로 출렁입니다.

외출 나간 까치 황급히 돌아오고
마을을 돌고 온 바람
풍문을 몰고 갑니다.

그대가 나에게 오실 때
그 숨결 다가와
꽃향기로 메아리 울리고

영혼에 가로놓인 네 줄 현에서
기쁨의 눈물방울
마구 둥글어 다닙니다.

그대가 나에게 오실 때
그 영혼 다가와
별들은 나비 떼로 현란히 날아오고

나는 숨을 쉴 수 없는 눈사람이 됩니다.

## 보리밭

무슨 풍문을 들었기에
수군수군 술렁술렁 일까

무슨 풍문이 휩쓸고 갔기에
뻐꾹새 울음에는 불이 활활 타오르고

종달새는 기겁하며
하늘 높이 치솟고

외론 사내는 깡소주에 취해
밭둑에 쓰러져 홍얼홍얼 취흥이 깊을까

무슨 풍문이 나돌았기에
보리밭은……

# 연서

벌과 나비는 꽃이 아름답다고
날아들지 않습니다

아십니까
내 절뚝발이 애인이여
어린 왕자가 사랑한
한 송이 장미꽃을

사막이 무서운 건
광기 들린 기다림의 집념
임의 위협하는 가시는
무지개 그리운 소낙비의 갈증입니다

사치스러운 의상이
운석의 운명으로 쓰러진 심야에
살고 싶다는 단 한마디 외침과
재기하는 자의 불잉걸 집념으로
타오르는 문신을 새깁니다

벌과 나비는 가시가 있다고
꽃을 피해가지 않습니다

## 이것이 사랑이라면

한약 탕에 백골 진액으로
녹아 흐른다 하여도
이것이 사랑이라면

폭풍 휘몰아치는 들판에
허리 꺾인 꽃으로 몸살 앓는다 하여도
이것이 사랑이라면

집 뛰쳐나간 빼꾸기 자식 찾는
휘파람새의 애절한 울음으로 사거리에 서면

어느 길이냐?
어느 쪽이냐?
마음은 뿔뿔이 갈라져
피를 토하고
아아, 이것이
이것이 사랑이라면

# 그리움의 주인 찾기

아무나 붙들고
시비 걸고 싶은 가을밤입니다

넘실넘실 재방 넘는
이 그리움의 주인은
도대체 누구랍니까

달빛도 조용, 조용히
몸살 잠재우고
풀벌레 자장가도 잔잔한
물살 밟고 와 나직, 나직이
칭얼대던 어린 고기들
잠재우는 이 밤에

쌍라이트 키고 달려드는
이 그리움의 주인은
도대체 누구, 누구랍니까

그리움의 수위가
높으면 높을수록
모습 숨기는 무인도처럼
그대는 숨바꼭질 즐기고

그리움은 만삭된 연어
은빛 비늘 반짝이며
달빛을 차오르는데

당신이 원망스럽습니다
왜, 나 혼자

이 물가에서
이 쏟아지는 달빛 속에
그리움의 알들을 산란하는
산고를 치러야 합니까

## 기다림의 촛불도 끄지 못하고

돌아서서 돌아보는 그대의
창문에는
기다림의 촛불이 타오르고

방안에는
귀뚜라미 울음으로
파도가 출렁, 출렁이고

그대는 심한 독감으로
출렁이는 파도 밑
좌초된 배처럼
외로이 가라앉아 있는데

돌아서서 돌아가는
나의 발걸음을
그대의 뜨겁게 뿜어져 나오는 숨결과
가슴을 찢는 기침이
발목을 잡는데

나는 끝끝내
돌아서서 돌아가지 못하고
다시 못 올 줄도 모른다는
기다림의 촛불도 끄지 못하고

# 이별

그대와 나 사이
걷잡을 수 없는
풍랑의 바다가 일어서고

벙어리 가슴에
화산이 폭발한다

# 눈 내리는 날에

전화박스만 보면
선악과나무 앞에 선
하와처럼
몸이 떨려요

# 그대 창 밑에 슬픈 발을 묻고

그대를 기다리던
목련꽃 핀 골목 가로등
봄비는 아다지오 음률로 내리고

그리움은 아릿한 향기 풀으며
나만 아는 길을 만들고

달려갈까요
갈증 난 노루처럼

날아갈까요
향기에 취한 나비처럼

미로를 밤새 헤매다가 그대 잠든 창 밑
슬픈 발을 묻고

꿈을 꿀까요
숨 죽여 봄비로 밤새워 울까요

# 안개

안개가 문어발로
산 속에서 뻗어 내려와
먹물을 확 뿌려
자기 영역을 선포하였다.

산은 파도로 꿈을 높이고
마을은 태동하는 고래
안개는 정열이다, 꽃이다.

바람은 인어 목소리로 노랠 하고
소나무는 노총각
온 몸이 달아오르고
가슴이 울렁인다. 그러나
소나무는 모른다.

시들지 않는 꽃이 없듯
영원한 정열은 없다.
사람이 어둠 속에 빈손으로 누워있듯
안개는 여명 속에 누워 코를 곤다.

# 그림자

그대 몸에서 반란하는 그림자와
바다를 떠난 방황하는 그리움이
교차로에서 우연히 만났습니다.

악수를 나눈 후
그대는 횡단보도에서 황망하여
그림자를 남기고 길을 건너고
나의 외로움은 그대의 그림자를
가로수 옆에 이름표도 없이 수직으로 세웠습니다.

낮은 플랫 음을 밟고 간
그대는 산을 품고 온 메아리 되어
그림자를 찾아갔습니다.
그리움만 길을 고아가 됩니다.

# 나는 지금

노래를 하고 싶다
엄마의 무릎 위에서 처음 노랠 배운
딸의 고운 샤프 음으로

휘몰아치는 폭우 속에서
소나무 부여잡고
지아비 잃은 아낙처럼 통곡하고 싶다

참회하고 싶다.

바다에 내려앉은 눈처럼
그대 앞에 흔적 없는 참회를 하고 싶다

## 그리운 사람은 달을 쳐다보며 산다

가난한 사람은
별을 우러르며 산다
나는 캄캄한 주머니에 뜬
별을 만지며 산다

외로운 사람은
구름을 쳐다보며 산다
나는 순종 똥개
성은이 망극하여
소나무에 목이 매달려도
구름을 보고 꼬리를 흔든다

그리운 사람은
달을 쳐다보며 산다
나는 전신마비 환자
모기가 콧등에 앉아
피를 뽑다가
손가락 하나 까딱이지 못하는

석상을 보고
안쓰럽게 혀를 찬다
나는 감사의 표로
뜨거운 눈물을 주르르 흘렸다

가난한 사람은
외로운 사람과
그리운 사람과
달동네에 모여서 산다

# 너는 너의 하나님을 만나

너는 너의 하나님 만나거라
나는 너의 하나님 될 수 없구나

너에게 나의 아픔 심어주고
그 아픔이 아파
나의 아픔은 십자가 거꾸로 지고

네 안에 내가 죽은 그날부터
너의 외로움 얼마나 많은 낙엽 떨구었을까

네 안에 있는 나를 내가 죽이고
너의 아픔 헤아리는 나의 아픔은
매운 채찍으로 알몸에 감기고

너는 너의 하나님 만나
너의 아픔 치유 받으려무나.

## 거울

그 속에는
외론 사내가
늘 나타납니다

누구냐고 물어봐도
잘 알고 있지 않느냐는
표정만 지을 뿐

참 뻔뻔스럽습니다

거울 속에는
왼 낯선 사내만
늘 나타납니다.

## 아직도 휘파람 불며

그림자 하나
달을 쳐다보며 섰습니다.

그림자 속으로
진한 알코올처럼
소쩍새 울음 스며들고

혈관 혈관 마다
그리움 퍼져 흐르는데

그림자는
나직이 휘파람으로
그리움을 불렀습니다.

저 혼자 수줍어서
얼굴 붉힌 가로등
그림자 색깔만 진하게 물들이고

빈 플랫폼에서
맴돌고 있던 바람
기적 소리만 남기고
사랑을 싣고 떠나갔지만

그림자는
그 가로등 밑
그 자리에
아직도 휘파람 불며 서 있습니다.

## 그대 이름을 부르면

그대 이름
안개빛 목소리로
나직, 나직이 부르면
머-언
기억의 숲에
푸른 새 한 마리
맑은 이슬 털며
꿈결같이
푸-드득
날아오른다.

# 제2부

# 동백꽃

## 봉선화

꽃물을 들였어요
빨갛게
고백할 수 없어요
부끄러워서
발자국 소리에도 가슴이 콩콩 뛰어요
팍, 터질 것 같아서
빨간 손톱으로 그대의 가슴에 생채기 낼 거예요
미워서

# 동백꽃

나는 왜 이럴까요
그대 앞에 서면
왈칵 눈물이 쏟아지고

그대가 바람으로 내 몸을
반쯤 감은 눈으로 스칠 때
피의 흐름이 단절되는
이 현기증은 무엇일까요

그대의 메아리치는 발자취 향내를
맡을 때야
서서히 맴을 돌며 피가 풀리고

온몸은 진한 연기 풀으며
심장 같은 빨간 불길이 타오를까요

나는 왜 이럴까요
그대의 발걸음 잡지 못한

어리석은 자책이
급체 했을 때의 팽팽한 고통으로
검붉게 멍이 들어도

새파랗게 토라진 얼굴로
그대를 보냈을까요

# 선인장꽃

사랑스럽다고 어루만지는
그대의 손을 찌르다니…

못났지요,
나는 못났지요.

사막으로 내 쫓긴
애정결핍증 때문에
고슴도치처럼 의심과 오기만 자랐지요.

아지랑이가 튀김처럼 튀겨지는
일사광선에서도 견딜 수 있었던 것은
서릿발 같은 오기였지요.

하이얀 그대의
손끝에 맺힌
빨간 불꽃같은 핏방울,

그 핏방울 내 얼음장 가슴에
떨어지자 오기로 꽁꽁 얼었던
마음이 녹아내리고
꽃을 피웠네요.

아, 나도
사랑에 눈을 떴네요.

# 아카시아꽃

본심은 아니었어요
배고픈 유년시절 술찌끼에 취하여 온 날
키만 삐죽 크고 멋대가리 없다고
나를 이유 없이 발로 차며 학대하던
그대의 얼굴에 생채기 낸 것을
얼마나 후회했다고요

그 후로 그대가 영영 가버리지나 않았을까
그렇게 애태우면서도
그대를 유혹할 향을 다듬고 있었지요

어느 날 이었지요
집나간 엄마를 찾다가
신작로 사거리에 이르러
어느 길로 갔을까, 어느 쪽일까?
마음은 다급하고 어느 길로 가셨는지 몰라
마음만 휘날리는 바람에
붉은 꽃잎으로 뿔뿔이 찢어 놓고

탈진한 긴 그림자를 끌고 온 그대는
상처 입은 어린 사슴 같았지요

나는 결심했어요.
그대의 발길질을 인내하기로요
나는 보았지요
그대의 가슴에 화인처럼 새겨진 상처를

나는 꽃을 다 따 주면서도
얼마나, 얼마나 기뻤다고요
그대의 뜨거운 가슴에
향기로 녹아든 꽃은
아마, 나뿐이 없을 거예요

# 접시꽃

목숨의 불꽃이
머리끝까지
사를 때까지

밤새껏 소쩍새 울음에
가슴앓이 한 그리움
첫 새벽 이슬로
말갛게 닦아

나를 불태울
그리움의 제단
한 층
한 층
쌓아올립니다

혹시 알겠어요?

난데없는 불장난으로
노랗게 익은 보리밭
훨-훨
불태우듯

그대의 순결한
눈빛 빼앗고
나는 돌풍 속에
잠을 설칠런지

## 양귀비꽃

우리 와락 끌어안고
저 절망의 낭떠러지를 넘어
폭포수같이 시퍼런 강물이 될까요?

유혹하는 너의 불타는 눈빛.

너를 안으면
단 하루를 살아도
만년을 사는 것 같다.

# 해바라기꽃

한증탕에서 목욕하고 나온 황혼
옛 기억 같은 비누 냄새를 실바람에 날리다가
숨바꼭질 시작하였다

다시 오마 하던 님의 말씀만
견고한 맹세로 믿고
서녘 하늘로 목이 길어진 해바라기
열병으로 밤을 태우다가

맷돌로 심장을 갈아
풀어헤친 바다
알몸으로 뛰어든다

목이 마르다.

노랗게 타는 바다에
난파선으로 갈증 난 그리움
까만 씨앗으로 익는데

## 물망초

몇 칠이고 몇 년이고
잠을 잔다.

늪에 빠진
소용돌이 속의 외로운 꿈

산새야, 바람아
내가 향기로 천지를 품기까지는
흔들지 말며
깨우지 말라

내 사랑은 메아리 길을 달려
노루처럼 다가오는데
나는 꿈속에 있구나.

내가 손을 뻗치지 못하는 것은
물의 어름 속에 잠들어 있기 때문

아, 누가 나 좀 깨워다오
누가 나 좀 불질러다오.

## 망초꽃

나를 함부로 대하지 마세요
아름다운 외모
향긋한 향내 없어도
나는 나예요
나와 같은 꽃은 아무도 없죠.

흔하디 흔하게 지천에 깔렸다고요
가까이 있다하여 천한가요?
멀리 있다하여 귀한가요?

눈의 잣대로
미모를 판단하지 말아요
나도, 나를 있게 하신 하나님에게는
천하에 하나밖에 없는 꽃이랍니다.

무심한 눈길에도
매몰찬 발길질에도
가슴 상하지 않을 거예요
나는 나이니까요.

# 개망초꽃

흔하고 흔한 모습이지요

벌 나비도 날 피해가고
아무도 날 예쁘다고 말하는 사람 없지요
나도 날 비천하게 생각했지요
눈이 있거든요

슬픈 모습 보이는 것도 사치이지요
그냥, 멍한 모습
그게 나 에요

어느 날, 한 아이가
꽃이다! 소리치며 달려 왔어요
걔는 무조건 꽃은
예쁘다고 생각했나 봐요

얼른 눈을 밑으로 깔았어요
실망하는 아이의 눈빛
보는 게 두려웠어요

아이는 아예 나를 끌어안고는
강제로 눈을 맞추었어요

비명도 지르지 못하는
눈물 고인 눈으로
아이의 순진한 눈을 보고 말았어요

참 신기했어요
아이의 눈에서 그 분의
음성이 들렸어요

너는 나의 작품이란다.
온 심혈을 기울였지…….

사랑은 여러 사람에게
인정받는 것 보다
가치 있는 한 분에게
선택되어 구별되는 것,
그것이 더 존귀하단다.

개망초꽃아!
너는 나의 유일한 사랑이란다.
너는 나의 독특한 걸작품이야!
이 세상에 하나 뿐이 없는…….

나는 이제 바람의 희롱에도
굽히지 않는 당당한 꽃이랍니다.
나는 개망초꽃이랍니다.

# 나팔꽃

우린 사랑이 필요한 만큼
담을 높였지요

우린 이해가 필요한 만큼
철조망과 깨진 유리병 조각을 세웠고요

우린 그리운 만큼
창문을 닫아걸고 이중 삼중으로 철문을 걸었잖아요

어떻게 해요
기어오를 수 밖에요.

우리가 사는 세상은
복면을 쓴 양상군자와 같은 밤만 있는 것이 아니라

새색시 맞이하는
새신랑 같은 태양도 뜬다는 것을

나팔 불며, 나팔을 불면서
소리칠 수 밖에요.

# 연산홍꽃

홍분으로 충혈된 가로등
애무하며 내리는 밤비는
예쁜 독버섯 불륜을 남몰래 키우고

연산홍 무너지는 무덤에서
숨죽여 누가 울고 있다

사랑 하나 안고
비바람에 피 말리며
누군가 흠뻑 젖은 몸으로 울고 있다

지귀야! 너를 불사르던
칠보석 팔찌가
연산홍 뒤에서 예쁜 꽃뱀의 눈으로 반짝이는데

누군가 죽음보다 깊은
열병으로 비 내리는 이 밤에
연산홍빛 붉은 피를 토해내고 있다.

## 분꽃

남들은 나를 화냥기가 끼였다고 하지만
그게 아니에요
내가 저녁에 화장을 하는 이유는
무엇인가 잃어버린 듯한
그대의 허탈한 어둠을 밟고 오는
발걸음을 향기로 감싸 안기 위함이에요

남들은 낮에는 멋도 부릴 줄 모르는
촌스런 여자라고 흉을 보지만
외출할 때만 뻰드레하게 치장하고
집 안에 있을 때는
쑥대밭처럼 어수선한 여인보다는
타인에게 새침하게 얼굴을 숨기고
오직, 그대에게만
단장한 모습을 보이고 싶기 때문이에요

남들은 나를 두고 밤에만 향수를 뿌리는
음란한 여자라고 흉을 보지만
그게 아니에요

내가 밤에만 향기를 다듬는 것은
무슨 사나운 꿈을 꾸시는지
무슨 사나운 짐승에게 쫓기는지
식은땀을 흘리며 헛소리를 외치는
그대의 어지러운 꿈길을
향기로 자장가를 불러
그대의 꿈길에 동행하고 싶은 욕심 때문이에요.

# 양파꽃

결국 울어 버렸지요

의심 많은 나는
한 겹 한 겹 벗겨지는 것이 수상쩍었어요

결국 모든 것이
진실이요 알맹이라는 사실을
뒤늦게 깨닫고

알싸한 아픔에
눈물 흘리고 말았습니다.

# 안개꽃

그대의 향기를 좇을수록
묘연한
안개만 피어오르고

기차는 달려가고
바람은 달려오는데

향방 모르는 그리움
난데없는 비에
온 몸 적시고

낯선 들판에서
몽유병에서 깨어난 외로움
아직도 비몽사몽입니다.

## 목련꽃

몰랐지요. 키가 너무나 커
나와 상관이 없는지 알았지요.

가까이 다가서면
키스처럼 녹아드는 향기가 있었는지

우유빛 유방 냄새
유년의 꿈이 숨어있었는지, 몰랐지요.

안개빛 자욱한 향기 속에
내 꿈은 유순한 양처럼
그대 그늘에 잠이 들고
꿈길을 거니네요.

몰랐어요
흰 눈처럼 그리움을 토하는
향기가 있었는지는…

# 장미꽃

그대를 사랑하는 열정 때문에
까맣게 피가 마르는데

어찌 그대는 그리도
바보 같은지요

가시에 손가락이 좀 찔렸다 한들
내 성깔이 암고양이처럼 앙칼지다한들

뭐, 그리 대단한 지요.

보아요. 통달한 성자처럼 눈을 감지 마시고
눈을 뜨고 보아요.

열정을 이기지 못해
각혈해 놓은 이 검붉은
핏덩어리, 보이지 않나요?

# 호박꽃

당신은 곁눈질만 하시는군요
장미꽃에는 봉접도 날아들지 않지만
보아요.
나에게는 벌 나비가 꽃가루 축제를 하고 있잖아요.
당신은 내가 촌스럽다고 멋대가리 없다고
핀잔주지만,
당신이 이루지도 못할 사랑으로
상사병만 얻어 자리보전했을 때
활활 타는 장작불에 진액을 녹여
호박죽 한 그릇 부끄럽게 바칩니다.
곁눈질만 하시는 당신에게…

# 할미꽃

이미 새장이 천국 되어버린
잉꼬처럼
나는 것을 잊어버린

제한된 영토에서
그대 바라보는 기쁨은
나의 자유가 되었습니다.

그대는 잠드시고
나는 그대 머리카락을 자장가로
어루만지고 있죠

이미 나는 것 잊어버린
잉꼬 새를 날려 보낸다고
자유이겠습니까?

그대 품이 푸른 하늘인걸요.

## 벚꽃

남의 여자였다고
의심만 하지 마세요

휘파람새가 밤새 유혹하며 불러도
소쩍새가 몸살하며 가슴 토해도

눈 한번 끔쩍이지 않았죠
내 마음을 누가 흔들겠어요? 당신이 아니라면.

남의 여자였다고
학대하지 마세요

당신 가슴에 뿌리 내렸으면
당신 여자 아닌가요

당신 위해서라면
화려하게
목숨 불사를 수 있어요.

# 독초꽃

외롭다고
함부로 사랑할 일이 아니듯

나비야
꽃이라고 아무 꽃이나
앉을 일이 아니다.

## 눈꽃

메마르고 쌀쌀한데다가
정서불안증이라고요

주인 떠나 버린 초가처럼
초라하고 허술한데다가
흠모할 모양이 없다고요

보았나요,
나의 가슴을 보았나요
난로 속에 시뻘건 석탄으로 이글거리고 있는
심장을.

봐요. 나도 마음만 먹으면
봄꽃보다 가을 열매보다
당신을 황홀하게 까무러치게 할 수 있어요.

나비의 긴 빨대로
넘어가는 꿀처럼
감미롭지 못하고

처마 밑에 매달려
헛손질만 하는 북어처럼
멋대가리 없다고요

원한다면,
이 보다 더
멋진 요술도 보일까요?

# 토끼풀꽃

약속했었지요
아홉 살 꽃반지 끼고
열 살 꽃시계 만들어 차고

약속했었지요
너는 색시
나는 신랑

그리 살기를 한평생

우리 머리 위에
하얀 토끼풀꽃

## 제비꽃

돌아오지 않는
메아리 쫓다

지쳐 쓰러진 들판 위에
버려진 상처

고운 눈물로
피워 올린 꽃.

## 춘란

사랑을 받고 있다고
스스로 확신할 수 있는 자는
끝까지 인내하지요.

하루가 천년이요 백년이라 해도
결국 시간은 흐르는 것

화려했던 초목들
모습 숨기던 겨울에도
그대 향한 그리움 접지 않았어요.

그 매운 시련과 연단 때에도
그리움의 불꽃 파릇파릇 했어요

휘파람새 밤새워 애원해도
뻐꾹새 피토하며 몸살내도
조금도, 조금도 흔들리지 않았어요.

화려하지 않다고 멀리하지 마시고
애교와 교태 없다고 내치지 마시고

그대 곁에서 투명하게
바라만 보게 해 주세요.

## 제 3 부

# 꿈도 아닌 환상

# 꿈도 아닌 환상

발걸음들이 닭을 쫓고
어린아이가 스케치북을 들고 있었다
나는 꿈도 아닌 환상을 보고 있다
어디선가 풍악소리가 메아리인양 들려오는데
가슴은 오염된 물에 중독된 붕어 한 마리
거품을 토하며 몸을 비틀 듯 답답하다
방안에는 곰팡이로 꽃밭을 이루어
나는 향기에 중독이 되고
나는 꿈도 아닌 환상을 보고 있는가?
마누라는 무수한 발걸음으로 나는 쫓는다
나는 막다른 골목에서 나르려고 하였으나
닭은 날지 않는다는 통념 때문에 체념한다
(그래도 날면 담은 넘을 수 있는데…)
내가 닭일까?
나는 쫓기는 내 모습을 스케치하고
나는 꿈도 아닌 환상을 보고 있다
마누라가 닭이 되어… 쫓기고 있다.

# 등걸

외로운 몸뚱아리는 썩은 등걸
온 몸으로 슬픈 벌레들이 기어 다닌다
장수하늘소가 색종이 오리듯 햇빛을 다듬는 날
백로는 내 몸에서 벌레 사냥을 하고
마취제를 맞은 환자처럼
나는 황홀하게 까무러쳤다
하늘은 파헤쳐진 가슴에 꿈 가루를 뿌렸다
아아, 나를 허물어트려다오
나를 불질러다오
부서지고 바서져
그대 꽃을 향기롭게 하는 흙이 되고 싶다

# 반란

내의 내부에서 반란의 기미가 보인다
나의 내부에서 음모의 기미가 보인다
아침저녁으로 그들의 웅성거림을 듣는다

그리움도
슬픔도
사랑도
공포도 아닌
그 어떤 야릇한, 야릇한 것들이
나의 내부에서 음모와 반란을 꿈꾸고 있다

누구일까?
이들은 누구일까?
나일까? 아냐, 아니야.
그대일까? 몰라, 모르겠어.

1985년 11월 1일
나의 내부의 반란은 마악 터지려는
오르가즘이다

## 그는 실어증 환자다

오늘도 바다를 보고 왔어요
아스피린 먹고 있는 바다를

그는 신문만 뒤척인다

식물인간 심장처럼 몇 마리의 망둥이가
뛰고 있었어요

그는 안경을 벗어서 탁자 위에 놓는다
탁자 위에는 노예시장에 끌려나온 흑인처럼
꽁치가 새까맣게 질려 있었다
과일 그릇 옆에 있는 나이프가 비명
못 지르도록 눈빛을 번득이었다

바다가 꿈틀거렸어요
폐병에 걸린 고래가 각혈을 했나봐요
떠오르는 해가 노예의 충혈된 눈망울로 염색됐어요

그는 아무 대답이 없다
물 컵으로 손을 내민다
뱀장어처럼 물 컵은 그의 손에서 도망쳐 나갔다

쟁그랑!

순간, 캄캄한 물살 뚫고
상어 한 마리가
그녀의 발에 씽씽한 이빨을 박았다

그는 미안하다고 사과하지도 않았다
그는 상어 등에 작살을 꽂지도 않았다
그는 두 다리를 상어에게 주었다

# 무딘 손톱을 다듬는다

자주 손톱으로
찰과상을 입는다
진실을 고백할 때 오히려
오해를 받듯
세수할 때 특히

물이 무기가 아니면서
손톱을 거부하듯
손톱이 적이 아니면서
몸을 공격하듯

사람들은 나와 같은 모양
같은 소리 같은 눈빛 가졌음에도
나의 손톱을 이해 못 한다
물이 손톱을 거부하듯…

거부당한 손톱은 오뉴월 서리를 품고
사랑보다 뜨거운 미움으로
수도 없이 물을 찢어놓고 버려버린다

깨끗해진 얼굴로
거울 앞에 앉아서
무딘 손톱을
날카롭게 다듬는다

# 시간 죽이기

빛 한 줄기 절름발이 걸음으로
비스듬히 꺾어져 들어오는 방이더이다
바람은 휘파람을 불어
새떼들처럼 낙엽들을 모아서
서북쪽으로 날아가더이다
거기에는 재미있는 일들이 있나보더이다
창문은 열을 수도 없이
창살이 견고히 엮어져
우리 애인 뜨개바늘 솜씨처럼 곱기도 하더이다
내가 이곳에 갇혀 있는 것은 세상 사람들과
무관한 일, 그들은 매우 바쁘더이다
나는 심심해서, 따분해서
가슴에서 팔닥팔닥 뛰놀던 빙어 같은 꿈
낚아내서 만지작 만지작 거리다가 그만
죽이곤… 죽이곤 했더이다
물이 없으니 꿈은 그리 쉽게 죽더이다
빛 한 줄기 지팡이 짚고 비스듬히 꺾어져
들어오더니 그 차운 은지팡이로

내 가슴을 겁도 없이 헤집다가
텅, 비었구만 하는 표정으로 돌아서더니
코피 같은 비릿한 그림자가 아롱거리더니
이내 어둠이 홍수로 밀려와 나의 방을
점령하고 말더이다
하루를 또 이리 죽였는데도 불구하고
서북쪽 방향에서 별빛 하나 비스듬히
눈빛을 주고 있더이다

# 나는 육신이 슬프구나

방 안에 개미가 우굴 거린다
무력하게 누워있는 날
거대한 고깃덩이로 인식했나 보다

그래 개미야, 나는
저 오백억 광년으로 흐르는 우주를
어찌할 수 없다

빛의 속도 속에 어지럼증
앓고 있는 지구를
어찌할 수 없다

앞 논에 사는
독한 농약으로
벙어리 된 개구리의 슬픔을
어찌할 수 없다

졸부들의 허연 이빨 속에 있는
빨간 삼각팬티를
다이아몬드 속에 비치는
그대의 탐욕스러운 눈망울을
울안에 있는 야수 같은 무력증을
어찌할 수 없다
어찌할 수 없다

개미들아, 외롭다고 말할 상대도 없는 난
속으로 허물어지는 등걸 같은
나이를 먹는 일이다
아, 나는 육신이 슬프구나.

# 지병

하얀 맨발
하이얀 눈 밟으면
하얀 고드름으로 물구나무서는 속병
한 방울 한 방울 키가 커지며
하얗게 눈뜨는 영혼의 울음
하얀 서리꽃
한 아름 안은 거울 속의 내가
하얀 눈사람으로
하얗게 웃고 있다

## 28세

간밤 내 굳어지는 양심에
대침을 꽂고
마취에서 깨어난 맹수의
부르짖음으로 일어나는 여명

햇살은 맹수의
날카로운 이빨로
의식을 꿰뚫고

비명 같은 깨우침!

오호라 나는 곤고한 자라
오호라 나는 곤고한 자라

# 38세

잠드는 것이 서럽구나
깨달은 만큼 살았는데
내 삶은 아직도 설익었구나
뻐꾹새야, 너도 안타깝더냐
그 산속, 그 계곡, 그 어둠
거기에 진리가 있더냐?

잠드는 것이 서럽구나
진리를 가르칠 수 있는데
실현할 수 없는 것이 슬프구나
생쥐야, 너도 자는 것이 서럽더냐
늬 집, 늬 곳간, 늬 통장에
행복이 있더냐?

님이 와서 부르실 때
달콤한 꿈 때문에
못 들으면 어찌할까
못 일어나면 어찌할까

진리를 알고
행할 힘이 없으니
아, 나는 시체로구나

잠드는 것이 서럽구나
모기야, 물어라
나는 알몸이다.

## 빈곤

물이 없는 어항 속에
외출 타는 붕어

# 풍경

텔레비전 위 안개꽃 숲에는
빨간 토끼가 두 귀를 세우고 있습니다
풍문은 바람으로 창문을 두드리고
까만 콧수염이 갈대꽃처럼 바람에
살짝 날렸습니다.
낙조는 달리기하는 딸
해변을 달리다가 만세를 부르고
황혼은 첫 월경을 시작한
토끼의 붉어진 얼굴
안개꽃이 살짝 웃고 있습니다.

# 무의식 여행

무성영화 자막 속으로 걸어 들어간다
항상 들리지 않는 목소리로
그대는 배경으로 서 있고
이상한 나라 엘리스의 토끼처럼
순식간에 사라진다 의식이
갑자기 나타난다 환영이
그대는 들리지 않는 몸짓으로 나를 부르는데
어둠 저쪽에서 야수의 눈빛 번뜩이고
음침한 바람은 야릇한 향수로 내 코를 유인함
순식간에 사라진다 그대가
순식간에 나타난다 공포가
토끼 한 마리가 도망간다
아 나는 이제
더 이상 도망 갈 수 없다
무성영화는 재상연이 된다.

# 꿈

나는 담 밑에서
여치 되어 울었으나
사람에게 들킬까봐
겁이 났다

나는 도둑이었다.
어쩌면 도둑이
아닐지도 몰랐다

다만, 내게 내가 없어
밤새껏 서러웠을 뿐

나는 담 밑에서
여치 되어 울었으나
무엇이 서러운지
무엇이 두려운지

아아, 무엇이 그리운지 몰라
밤새워 이슬에 젖으며 울었다

## 결혼한 남과 여

따르릉…
따르릉…
남자는 꽃 위에 앉는 꿀벌
수화기를 설레이며 집어 든다
네, 여보세요.
여보세요.
여자 목소리가 향큼한 꽃내음 같다
여보세요!
네, 말씀하세요.
여자는 창밖에서 소리치는 것처럼
남자의 목소리가 안 들리나 보다
여보세요! 여보세요!!
뭐, 이래!
여자가 꽃봉오리 꺾듯 날카롭게
수화기를 내려놓는다
이상하네.…
남자는 조화에 앉은 꿀벌
힘없이 수화기를 내려놓는다

따르릉…
따르릉…
벨은 신기루의 유혹
남자가 다시 손을 내민다

## 차라리 짐승이나 될까

차라리 짐승이나 될까
달 밝은 밤에
아스라이 잡을 수 없는
꿈과 같은 높은 벼랑에서
청상의 가슴이 섬뜩하게
우 - 길게 울어나 볼까

차라리 짐승이나 될까
담장 너머 돼지새끼
울타리 너머 씨암탉 잡아먹고
씽씽한 피 냄새 풍기며
붉은 달이 유다의 창백한 얼굴로 변하도록
우우,… 길게 울어나 볼까

어차피 예수가 될 수 없다면
차라리 짐승이나 되어
어느 버림받은 무덤이나 파서
외론 백골이나 불러내어
밤새 서러운 춤이나 덩실덩실 추다가

베드로가 통곡하는 첫닭이 울면
관속에 내가 누워
죽는 연습이나 하다가
다시 밤이 오면
기나긴 아픔 토하며
우우, - 길게 길게 울어 나 볼까

그러다가 꼬리가 서너 개 달리면
달 밝은 밤에 재주나 몇 번 넘어
곱디고운 사람이나 될까

# 저 어둠 속 어딘가에

저 어둠 속에 누가 있기에
개가 짖는 것일까
얼음판 위에 그리움을 파수하는
눈사람이 졸고 있는가

저 어둠 속에 무엇이 보이기에
어둠 속에 메아리를 던지는가
꽁꽁 언 연못 속으로
잉어 되어 숨어버린 그대가
몸을 털며 일어났을까

한밤에 짖는 개의 소리가
그리움으로 가슴에 메아리치는 것은
하얀 눈사람으로 인동을 하며
꿈을 키우는 사랑의 그림자가 있기 때문이다

저 어둠 속 어딘가에
절뚝거리며 돌아오는
그대의 발소리가 들리는가 보다
개 짖는 소리가 한결 가깝다

## 살기 위해서

살기 위해서 어떻게 해야 할까요?
어느 날
아이가 질문했습니다.
어른은 완벽해야 했습니다.

사는 것은
살아남기 위해 성공하는 것이다

아이가 고개를 까우뚱 거리며
방을 나갔을 때

나는 십자가 앞에 무릎을 꿇었습니다.
주님, 사는 것이 무엇인가요?
주님은 나에게 완벽했습니다.

사는 것은
죽는 것이다.

# 거울

그대의 모습이
언뜻 보였지요. 내 거울에서…

한 장의 스크린 이였지만
가슴에 인장같이 찍혔어요
나를 보는 모습이

소금쟁이 호수 위에
암호 풀어놓듯
잔잔한 물무늬 미소가 퍼지고

눈망울은
왼지 슬퍼 보였어요
왜 일까요?

철없던 시절,
그대가 가꾸던 백합
흙발로 짓밟아 놓고

뒤돌아서는 가슴을 허물어트리던
그, 진한 향기…

아, 그래요
그 향기 같은
슬픈 눈빛이었지요

왜일까요
내 안에 아직 죄가 숨어 있나요

# 겨울비

거부한다
순간적인 너의 쾌락
상식의 틀니
버림받기 보다는
차운 손으로 날카롭게
벗기기를 원한다
너의 웃음 속에
숨겨진 욕망.

# 꿈 이야기

온 몸에서 물고기 비늘이 돋아난다
반짝반짝 은빛 비늘이다
금색 비늘도 몇 개 하얀 수선화 속에
꿀벌처럼 섞여있다
꿈틀꿈틀 몸을 비틀어 본다
무색투명한 물살이 꽃향기처럼 느껴진다
졸립다. 잠을 잔다. 꿈을 꾼다.
폭포다
물살이 갑자기 거칠어지고 난폭해 진다
물살에서 통곡이 들려온다
비늘 하나가 아프게 뜯겨진다
삭신이 오도독 오도독 어긋나도록 가꾼
노모님의 전답을 핥고 온 장맛비가 덮친다
물살에서 한의 소리가 들린다
몇 개의 비늘이 또 뜯겨지고 살점이 보인다
마흔살이 넘도록 장가 못 간 자살한 갑돌이 혼이 운다
가슴이 캄캄한 터널을 지나는 듯 어둡다
인신매매 단에게 잡혀간 갑순이의 몸부림이 느껴진다

거꾸로 머리채 박히는 고문을 당하는 듯
물살이 흐느낀다, 아니 엽총에 가슴을 빼긴
참새의 작은 가슴처럼 숨이 가쁘다
샴푸가 떠내려 오고, 분뇨가 떠내려 오고,
중금속 화학물질이 떠내려 온다
살점이 뜯어진다
뼈가 보인다
뼈가 시리다
뼈가 아프다
아프다 비늘, 살점이 뜯어진다
물살이 통곡한다 물이 죽었다 숨이 막힌다…
배반한 네가 보인다. 떠나간 내가 보인다
배반한 내가 보인다. 떠나간 네가 보인다
꿈이다. 일어나야지…
몸이 말을 안 듣는다
물살이 가슴뼈 사이로 비정한 미소를 흘리며
사라진다. 십자가 틀에 내가 매였다.
사막의 태양이 명령한다

준비!
꿈꾸는 자에게 일제히 사격!
탕! 탕! 탕!
눈부신 햇살이 웃으면서 가슴을 뚫었다
와디의 늪에서 처형을 받은 나는 알몸이다
나는 죽었다. 아니 죽어야 한다
사살당한 내 피로 인해
물살은 순한 양이 되어
내 곁에 눕는다
어디서 박하향이 다가온다
비늘이 다시 돋아난다
반짝반짝 은빛이다.

# 제 4 부

# 모기에 관한 이단설

# 모기에 관한 이단설 · 1

모기에게 민감하듯 부부들이 서로
민감하다면 뱀의 날름대는 혀와
맹독의 이빨을 세워 서로 피를
말리고 피를 뽑는
몽매한 자살행위는 없을 것이다

모진 해일 같은 분노로 섬을
물어뜯다가 돌아누워 절벽의
담을 쌓던 부부들

미약하고 세미한
모기의 날갯짓에 밤새워
모기 잡기 위해 불을 켰다 껐다 하는
모범적인 열성을 보인다

모양 좋은 보석함 상자에 예쁘게 포장해서
모질고 둔감한 그대에게
모기 두어 마리 선물로 보내고 싶다

## 모기에 관한 이단설 · 2

사막 같은 그대의 몸뚱아리에
모세의 지팡이 닮은
나의 입술을 박아
오아시스에서 파닥이는 물고기와 같은
그대의 씽씽한 진실을
만나고 싶다

모래 바람이 부는
그대의 심전에
붉은 장미꽃을 피우고 싶다

갈라진 홍해가
다시 닫히듯
그대의 두 손바닥에서
익사하는 쾌감도 맛보고 싶다

# 모기에 관한 이단설 · 3

서서히 가열되는 주전자 속에서
어제 본 소 웃음이 너무나 멋져
소 웃음 흉내 내며 기분 좋게
죽는 줄 모르고
죽어 가는 개구리처럼
의식 잃어 가는 그대,
그대가 깨울 수 있도록
웨-앵 사이렌 울리며
신도시 지역으로 확정된 지역에
우뚝 솟은 바위 산 같은
그대의 자만한 콧날 위
앰뷸런스 나비처럼 사뿐히 앉는다

# 모기에 관한 이단설 · 4

나는 그대가 그리워요
그대의 향그런 씽씽한 피
허락해 줘요. 네
모기의 사랑 고백

O. K

나도 그대가 그립다
그대의 연약한 목숨
안개빛 가슴에
안고 싶다
에프 킬러의 사랑 고백

K. O

오늘의 사랑은
모기와 에프 킬러의 사랑

# 먼지에 관한 이단설 · 1

먼지 세 개가
팽팽한 거미줄에 걸렸다
내 한숨이 닿자
그리움을 갉아먹는 벌레로
몸을 비튼다

그리움의 언저리에는
언제나 그대의 머리카락 향기 같은
먼지가 앉아 있다

먼지는 사랑의 꿈을 안고 내리다가
사랑하는 이에게
사랑의 명제 아래
새까맣게 버림받는 눈보다는
자연스럽게, 마취제처럼, 호흡을 따라
달콤한 키스의 언어로
몸속에 녹아든다

오늘은 눈부신 날
정사를 해야겠다
내 몸 깊이
그대의 먼지가 쌓인다

## 먼지에 관한 이단설 · 2

어느 날 그대가 오시면
가슴을 열어 보이죠

폐병 3기
급성 간경화
만성기관지염
임신중절
그대가 주시고 간 먼지들의 태아입니다

"보아요, 그대가 주신 사랑을
나는 이처럼 사랑스럽게
키우고 있었어요."

# 먼지에 관한 이단설 · 3

사랑하는 것은 가까이 있다
그대가 있는 곳에 내가 있듯
사람이 사는 곳에 먼지가 있다

나는 그대를 사랑한다
먼지는 사람을 사랑한다

그대와 나의 사랑은
먼지다

그러므로 하나님 말씀은 옳다
"너희는 먼지니라."

# 섬 · 유년시대

상엿집을 지날 때면
악어가 매복한 늪지대를 건너듯
항상 불안하였고 발걸음이 빨라졌어요
어느 날은 독이 오른 독사를 만났어요
순하는 무섭다고 나팔꽃처럼 비명을 지르고
아이들은 청개구리처럼 새파랗게 질렸어요
바다로 가는 길은 외 길
전진하느냐, 후퇴하느냐
찰나적인 결단과 함께
나는 눈에 붙들린 나무토막을
두 눈 딱 감고 내려쳤어요
놈의 부서진 대가리에서 뭉클한 피 내음이
풍기고 꿈틀거리는 몸부림으로
구토증이 일어났어요

온 몸에 개흙을 칠한 우리들은
망둥이처럼 뒹굴며 뛰며 웃었어요
그때쯤이면 어김없이
황혼은 인어처럼 머리를 풀고

바다 속에서 걸어 나왔어요
엄마가 도망간 민식이의 눈에서
슬픔을 본 나는 왠지 미안했어요

황혼을 밟고 돌아오는 길이었어요
우리 모두는 순간적으로 눈빛이 굳었어요
한복을 곱게 입은 여인이 전설처럼
바닷가에 누워 있었어요
눈이 부셨어요
순간, 두려움은 아름다움 속에 있음을 깨닫고
도망쳤어요
바닷가에서
상엿집에서
분해된 독사의 구토증에서
여인의 눈부신 자살에서
알 수 없는 두려움과 그리움에서
뒤도 돌아보지 않고 뛰었지만
황혼은 계속 따라 왔어요

오늘 삶의 현장에서 돌아오는 발걸음이
무섭게 떨리는 것은 그때의
기억만이 아니에요

## 섬 · 바람

아냐, 울 엄마는 도망간 것이 아냐
저 웬수같은 바람,
옆집 순돌이 아빨 닮은 순한 바달
괴뢰군 붉은 완장으로 충돌시켜
할아버지를 삼키고
아버지를 삼킨
대죽 창을 들고 달려들어
할 수 없이 피신하신 거야
아냐, 울 엄마는
바람이, 저 웬수 바람이
쫓아낸 거야.

# 섬 · 봄

진달래 산에 오른
아지랑이의 아찔아찔한
향기를 마시고

취기가 오른 두견새는
팔난봉이
울며 웃으며
온 산
불태울 때

머슴에 가슴에도
머슴에 가슴에도

불을
화-악
싸지르고

## 섬 · 해일

바람은
늑대 발톱으로
사납게 창문을 할퀴고

동백꽃은
어린양처럼 오돌돌 떨었다.

# 섬 · 전보

여기도 사람이 살고 있음.

## 섬 · 전설

얼굴 없는 인형 같은 달이
창백한 빛을 발하고 있었어요
월하는 산발한 모습으로 구름을 밟듯 걸어 왔어요
달은 한층 핏기를 잃어버리고
산은 기가 질려 뒷걸음치고 있었어요
늑대가 침묵을 물고
눈에 푸른 불을 키고 있었어요
늑대는 월하의 둘도 없는 친구예요
옥수수 벗기듯 하얀 소복을 벗고
월하는 호흡마저 멈춘 계곡 물에 미역을 했어요
순간 거인의 유방 같은 바위 틈 뒤에서
갑돌이의 두 눈이 빛났어요
찬란한 밤이었어요
늑대가 나팔을 불 듯 길게 울고
깜짝 놀란 바람과 함께 갑자기
소나기가 쏟아졌어요
소나기가 도망을 가고 달이 하얗게 질려서 나왔을 땐
바위틈에서 빛나던 두 눈이 없어졌어요

늑대들은 계속해서 울고
월하가 미역감은 물은 심장이 물렸는가
붉게 붉게 어둠 속으로
신음하며 흐르고 있었어요
찬란한 밤이었어요

## 섬 · 소나무

안개는 장난심한 계집아이
옆구리를 간질이고
칭얼대던 막내의 바다는
어느새 잠이 들어 숨결에
분꽃 향이 출렁입니다

개구리는 오늘밤에도
집나간 자식이 돌아왔는지
잔치로 흥겹습니다

뻐꾸기는 달무리에 가슴을 태우는지
풍악소리에 잠을 설쳤는지
목소리에 안개 냄새가 자욱하여
색소폰 음색이 구슬픕니다

나는 혹시나 안개빛 세미한
님의 부르시는 소리 놓칠세라
새벽 2시 하늘 아래
머리에 한얀 이슬 받으며
이슬 내리는 소리에도 귀가 밝은
소나무가 됩니다

# 섬 · 소식

섬이 싫다고 도망간 엄마가
어느 남정네와 살면서
애기까지 낳았다는 소식이 들리자

아빠는
소주잔에 성난 파도를
떠 마시며
충혈된 눈으로
시한폭탄에 불을 붙이고

영식이는 타오르는 모랫벌을
맨발로 야생마처럼 달리며
폭탄이 터지지 않기를 기도하였다

## 섬 · 갈매기

옷을 벗으면 누구나 순수한 줄 알고
함부로 몸을 준 순진한 파도가
성병에 걸려 하얗게
고름을 흘리는 바닷가

파키스탄 난민촌 아이들 같이
동정에 길들여진 당뇨병 걸린 갈매기들
여객선 쫓아다니며 재롱을 부리고

TV에 길들여진 사람들과
인스턴트 사랑의 표로
사진이나 팡, 팡 찍어 주고
허스키한 목소리로 랩송이나 흉내 내며
허수아비 춤이나 추어주면
사람들은 좋아라 환호하며
꽃다발 비스킷을 던진다

이제 갈매기들도
농자천하지대본이라는 말을
믿지 않는다

길들여진다는 것은
따뜻하게 끓고 있는 주전자 속에
흐뭇하게 죽어 가는 개구리의 비애다

## 섬 · TV

어느 날 일곱 식구가 사는 밤송이 섬에도
TV가 들어오고부터는
섬마을 사람들의 눈빛이 달라지기 시작했다
물고기들도 도시로 떠났는가
날마다 빈 배로 돌아오고
아낙들의 잔소리는 늘어만 갔다
집집마다 한숨 소리가
자욱한 안개로 섬을 질식시키고
기죽은 섬을 바다 밑으로
밑으로 가라앉히고 있었다.

# 제5부

# 예 언 자

## 예언자

한밤에 짖는 개는
도둑을 쫓는 것이 아니다

모진 꿈을 키우고 있는
주인을 깨우는 것이다

한겨울에 깨어난
귀뚜라미는 이방인이 아니다

얼굴을 잃어버린 나
너무 많은 얼굴을 가진 너

나와 너에게
유년을 생각게 함이다

한밤에 우는 닭은
단잠을 어지럽히는 소음이 아니다

선지자다
어둠을 깨우는 예언자다

## 나사렛 예수

그대는
내 외로운 등을
따뜻하게 어루만져 주는
눈물방울

나는
그대 눈물방울 속으로
걸어 들어가
詩를 쓰는
붕어

# 눈을 떠도 꿈꾸는 것 같다

요즘에는 잘못 걸려오는
전화가 많다.

여보세요, 병원입니까?
여보세요, 소방서입니까?
여보세요, 거기 내가 있습니까?

요즘에는 정확히 다이얼을 눌러도
전화가 잘 못 걸린다.

다이얼이 늦었으니…
결번이오니 다이얼을 확인하시고…
그런 사람 없습니다.
야, 임마 정신 차려!

요즘에는 눈을 떠도
꿈꾸는 것 같다.

## 눈물 몇 방울로

창문이 울고 있다
밖에 세워둔 내가
추운가보다

방안에 있는 나는
독한 바늘로 물고기
문신을 새기고
밤은 지쳐서 눈이 충혈 되었다

밖에 있는 난
꿈을 꾸고 싶은가 보다
하얀 서리꽃으로
하품을 하고 있다

안되겠다
십자가 틀을 짜야겠다
항상 역행하는 날
못에 박든지
은 30에 팔아야겠다

# 어둠이 너무 깊다

개도 짖지 않는
밤 2시 30분
뉘 집 자명종이
조심성 없는 취객처럼
소리친다

자명종이 계속 운다
짜증이 난다 그러다가
번쩍, 정신이 든다

아, 지구를 깨우는
그분의 음성이다

그러나 세상은
어둠이 너무나 깊다
고급 위스키처럼
향이 너무나 깊다

## 현대인은 매스컴의 노예

소경 되고 귀먹은 애인아
노래 좀 불러다오

현대인은 매스컴의 노예
히틀러 말씀하길
선전만 잘 하면
여자를 남자라 하고
남자를 여자라 해도 믿는다.

아아, 인간의 이성도
포장되어 상품으로 팔리는 세상
나도 E · T인형 안고 뒹굴어 볼까나?

소경된 애인아
귀먹은 애인아
그대는 지금 얼마나 행복할까.

# 세뇌교육

소나무에 목이 매달린 똥개는
수평선을 넘어가는 통통배
연기 같은 숨을 몰아쉰다
죽음을 확인하는 주인의 손이 닿자
꼬리를 살랑살랑 흔든다
우리나라 토종 똥개는
십자가에 매달린 예수님 얼굴.

## 개의 항변

개새끼, 개새끼라고
욕하지 마라.
한 번도 거역하지 않은 충성
주인의 손에 교살되어
보신탕이 되어도
사람새끼! 사람새끼!
이 한마디 하지 않았다.

## 현대인

지혜를 갈급하여
뱀이 된 인간
혀 날름대며
서로의 꼬리를 문다

# 아지랑이

하나님께서
벌렁벌렁
코를 움직이며 냄새를 맡고

날카로운 포크
예리한 나이프를 들으셨다

지구는
죄로 양념한
잘 익은 스테이크다

# 추월

12월 방안에는
철쭉꽃이 피었다.

TV는 여중생들의
임신을 걱정한다.

내 나이 30대
유언을 쓰고 있다.

## 모기

모기에게 피 한 잔주고
감사하다는 인사를 받고 싶다

“이는 내 살 중에 살이요, 피 중에 피라.”
엄숙한 예식을 갖추어

살을 주고 피를 주어
감사하다는 인사를 받고 싶다

그러나
모기 역시 감사를 모른다

## 말씀 한 마디 주옵소서

별들이 투신하고 픈
가슴시린 샘터와 같은
말씀 한 마디 주옵소서

별들의 영혼이
반딧불로 떠오른 샘터에
외론 사내
피를 흘리며 거꾸로
거꾸로 십자가 진 모습 발견케
말씀 한 마디 주옵소서

위협의 칼날 번개와
협박하는 주먹 천둥에도
허리 꺾지 않는
들국화 얼굴 하나
자랑스럽게 들어 올리게
말씀 한 마디 주옵소서

# 원죄

버러지는 달디 단 은밀한
향기를 맡았다.

신은 긴장된 쓰디쓴
침묵을 삼켰다.

이윽고…

이빨자국 선명한 과일 하나
십자가 밑에 뒹굴고

하늘이 닫혔다
다시 열리고

버러지는 눈을 떠
나비가 되었다.

# 명절에

나는 동물을 접어서
꾸겨버린 종이
카페 구석에 앉아 있다

까치처럼 피아노가 노랠 한다

나는 건반인양
고갤 흔들었다

냉장고로 피서 갔다 온
펭귄처럼 기분이 좋았다

고향은 지금 고속도로에서
날 밤을 새우며
날밤을 까먹고 있다

## 황혼 변주곡

나비가 변심을 하자
안으로만 향을
다듬던 장미는 속으로 활화산을 품고
수없는 화살촉을 갈고 있었다

나비가 꺼내어 낸
심장은
아이가 놓친 빨간 풍선
나무 위에서 순진한 꿈을 꾸다가

장미가 매정스럽게 쏘아 올린
화살에 낭자히 피를 흘리며
진실을 증명했다

헬리콥터가 맛을 보면서
구름과 진 붉은 피를
잘 반죽하고
귀소 하는 산새 두어 마리
울며 피바다를 헤엄치며
서산을 넘어간다

# 새벽스케치

사정이 끝난
욕정이 식듯
가로등이 마지막 숨을 넘기고 있었다

호수위로 미열 같은 한 떼의 새들이
이마위로 날아오르고

태양은 오랫동안
매정한 애인처럼
나를 기다리게 했다.

잠시 후
잉어가 하품을 하며 높이뛰기를 하고
호수는 단꿈을 꾸었는가
맑은 눈빛으로 기지개를 켜고 있었다.

그때,
또 다른 새떼가 날아오르고
또 다른 욕정이 타오른다

태양은 황홀한 알몸이다.

## 육은 영혼의 소모품

까불지 마라
근수가 몇 근 더 나가고
길이가 조금 더 길다고
함부로 까불지 마라

누가 사랑하는 부모라고
누가 사랑하는 자식이라고
누가 사랑하는 애인이라고

그 영혼 떠나갔는데
몇 달이고 몇 년이고
길이길이 살자고
가슴에 품던 자 있던가?

육은 영혼의 옷일 뿐
육은 영혼의 그릇일 뿐
육은 영혼의 일회용 소모품일 뿐

함부로 까불지 마라
너의 육의 미모는
해 뜨면 증발하는
이슬과 같은 것

# 죄(罪)

밤마다 고아처럼
눈물을 흘리다 잠이 든다

잠만 들면 못 박는 소리
꽝! 꽝!
손에 못 치는 소리
꽝! 꽝!
발에 못 치는 소리

소리, 소리, 소리…

닭이 울어 잠이 깨면
이마에 검붉은
가인의 낙인.

햇빛이, 햇빛이 눈부시다

## 세월

갈바람은 여름 밤 속으로 침입해
귀뚜라미 심장에 활시위를 당겼나 보다
밤새워 아픈 향기 토한다

새벽은 노모의 한숨을
소쿠리에 담느라
눈이 충혈 되었고
몰래 빠져 나온 한숨은
거미줄에 걸린 나비
은가루 뿌리며 푸덕인다

## 피로

피로는 투망을 걸머쥐고
나를 덮쳐온다

헐떡이는 물고기
숨이 막힌다
숨이 끊어진다

물을 줘라, 자유를 줘!
아니,
못을 쳐라, 십자가를 박듯
대못을 정수리에 쳐라, 쳐!

어항 속은 붉은 핏물로 출렁이고
순교한 붕어는
죽음으로 자유를 얻었으나
나는, 아아
오늘도 충혈 된 눈이 부끄러워
눈을 감지 못 한다

## 님의 흔적

간밤에는 어찌나 추운지
지구가 팽팽하게 언 유리잔 이었습니다
모두가 문을 꽁꽁 걸어 잠그고
날벼락 부자가 되는 꿈을 꾸었지요

갑자기 바람이 몹시
분다고 생각했어요
누군가를 애타게 부르는 듯

귀찮았어요
나의 달콤한 꿈을
어느 낯선 사람이
훼방을 놓을까봐
걱정도 됐고요

밤새워 이 꿈 저 꿈
장난감 만지듯 놀다가
꼬꼬댁 꼬 - 오!
꼬끼오 꼬 - 오!

닭이 천둥소리로

언성을 높이는 새벽녘
귀찮은 듯 방문을 열어 봤습니다

그런데, 아
베드로의 자책이
찬란한 아침 햇살로
빛나고 있었습니다

벼락을 맞듯
혼미한 꿈에서 의식을
회복한 나는
부끄러운 알몸 이었습니다

그때야
내 창에 님의 흔적을
보았습니다

밤새워 서성이다가 돌아가신
님의 흔적을 보고

골고다 십자가의 길을
주여, 어디로 가시나이까?
주여, 어디로 가시나이까?

눈물로 소리, 소리 통곡하며
님의 뒤를 좇았습니다

# 가롯 유다

어찌 말들이 없을까
어찌 표정이 없을까
어찌 나만 사막을 달구는 태양처럼
가슴이 뜨거울까
불을 먹은 화사의 피가 흘러서일까

어찌 임은 말씀이 없으실 까
어찌 님은 무표정하실까
나의 젊은 스승은
소경의 눈은 밝히시면서
앉은뱅이는 춤을 추게 하시면서
님은 어찌 보지 못하실까
님은 어찌 굳이 외면하실 까

로마 병정의 군화에 밟혀
비열한 웃음을 흘리는 우리의 아비를
모멸의 독주를 쓰디쓰게 마시면서
불타는 사막으로 저항을 키우다가도

어김없이 다가오는 어둠 앞에
차가운 절망으로 자학하는
우리의 아들을, 우리의 민족을
님은 어찌 보지 못하실 까
님은 어찌 굳이 외면하실 까

돌도 빵으로 만드시는 이적으로
오병이어로 오천 명을 먹이시는 능력으로
님은 어찌하여
풍선 마냥 둥실둥실 뜨는 현기증으로
하루에도 수십 명씩 하늘로 날아가는
우리들의 아이들을
님은 어찌 보지 못하실 까
님은 어찌 굳이 외면하실 까

님은 아시리라
깊은 바다 속을 아시고
삼라만상의 이치를 아시고
세상 종말을 아시고

무엇보다 신비스러운 인간들의
마음을 꿰뚫는 영안으로
님은 아시리라

나의 조상이 배로 기는 천형을 받아
이제는 도통한 이쯤에
기는 것에 질려 있음을
땅이 조상을 유린하여
가는 곳마다 뜨거운 돌 세례를 받음으로
이제는 학대의 채찍에 이골이 나 있음을
님은 아시리라
님은 아시리라

형벌로 서럽도록 징그러운 몸뚱이
황혼을 살라 먹은 화려한 비늘로 위장하였으나
님의 형상으로 창조된 인간들의 눈과 귀는 너무 밝아
풀섶을 낮게 낮게 포복하여도
하얗게 질려 소리치는 이슬방울 비명에
결국 내가 이 땅에 숨을 곳이 없음을
님은 아시리라

내가 구태여 님의 슬픈 눈빛 외면함을
내가 구태여 님의 간청하심 외면함을
내가 구태여 님의 질정하심 외면함을
내가 구태여 님의 사랑하심 외면함을
님은 아시리라
님은 아시리라

님이 말씀하시는 세상은 너무 길고 멀어
로마 군정의 채찍으로
유대 병정의 독화살로
아아 동족의 돌 매질로
나의 머리는 두 음절로
갈라져 낭자히 피 흘리고
등은 가뭄을 전답 마냥
곪고 터져 생명이 경각에 달렸으므로
은 30냥을 쥐어야만 했음을
님은 아시리라

님은 아시리라
은 30냥 손에 움켜쥔 형벌이 억겁을 등에 진
몸서리치는 천형이었음을
아아 나는 무슨 죄업로 태어나
이 대본을 받았을까
이 연극을 맡았을까

마지막으로 의지했던 나뭇가지도
서러운 몸뚱아리 땅에 내치고
땅은, 내 더운피를 받아들인 땅은
토막 난 꿈 조각으로 마디마디 갈라진 허연 배
깊숙이 찔러 내장을 쏟고
값을 내어노라 하네
삼킨 은 30냥, 토해 내라하네

님은 십자가에서 나를 보시고
다 이루었다
다 이루었다 하시네

# 종교적 관념의 시적 형성화

## - 임종천의 시 세계 -

유 승 우
(시인, 인천대 교수)

이제부터 나는 시인 임종천을 만나야 한다. 임종천이란 이름도 잊어버리고 그냥 한 시인을 만나야 한다. 한시인의 몸짓과 음성과 눈빛을 만나야 한다. 그리고 그의 그리움과 아픔과 외로움을 만나야 한다. 시는 '詩'라는 한자에서 온 말이다. 詩는 '言'과 '寺'의 만남이다.

성경에서는 '말씀은 곧 하나님'이라고 했다. 그리고 신학 학자 조셉 캠벨은 사원은 신의 집, 혹은 신의 집이라고 했다. 그렇다면 '詩'는 신이 살고 있는 집이다. 기독교적으로 표현하면 성전이다. 우리말로는 시를 '노래'라고 할 수밖에 없다.

노래는 『놀+애』가 되는데 '놀'은 우리 옛말에서 '神'이라고 한다. 그렇다면 노래 속에도 신이 살아 있다고 할 수 있다.

사람의 속에 있는 神은 무엇인가? 그것은 정신이며, 영혼이며, 마음이다. 그러므로 시는 살아있는 영혼이며, 살아있는 마음이다. 영혼과 영혼의 만남이며, 마음과 마음의 만남이다. 나는 앞에서 임종천이란 이름도 잊어버리고 한 시인을 만나야 한다고 했다. 시인을 만나는 것은 시를 만나는 것이며, 시를 만나는 것은 시인의 영혼과 마음을 만나는 것이다. 그러면 이제부터 한 시인의 영혼을 만나보기로 하자.

잠들고 싶다. 붙이지 못하는 편지로
그대에게 다가서고 싶다.
햇빛 속에서 부서지는 찌고이네르바이젠 음률로
잠들고 싶다.

바람에 울렁이는 밀밭의 맥박 소리로
나비의 치솟는 춤사위로
그대에게 다가서고 싶다.

아, 하늘과 땅의 거리가 너무 넓어
당신과 나의 거리가 너무 길어

하늘 옷 끌어내리려는 안타까운
종달새의 몸부름으로
잠들고 싶다.

의식을 잃어가면서도 "이것이 사랑이야"
식충꽃에 큐어핏 화살을 맞은
순전한 꿀벌의 사랑으로
그대에게 다가서고 싶다.

『잠들고 싶다, 그대에게 다가서고 싶다』 전문

현대시를 정의해서, '시는 존재다'라고 한다. 여기에서의 존재란 인간 존재를 가리킨다. 싸르트르는 인간 존재를 인간외의 다른 존재와 구별해서 '대자(對自)'라 했고 무엇인가를 바라는 의식적 존재라했다. 이것을 한자어로 '욕구'나 '욕망'이라 하고, 우리말로는 '꿈'이나 '바람'이며, 실제 사용에서는 '~고 싶다'라는 보조용언으로 나타난다.

위에 인용한 작품은 그 제목이 『잠들고 싶다, 그대에게 다가서고 싶다』이다. 그렇다며 이 작품은 인간 존재의 실상을 형상화한 작품이라고 할 수 있다. 이 작품에서 중요한 것은, '잠들고'와 '그대'가 무엇을 상징하느냐를 구명하는 일이다.

이것이 바로 이 작품을 이해하는 관건이 된다고 할 수 있다. 이 작품에서 1, 3연은 '잠들고 싶다'로 끝났으며, 2, 4연은 '그대에게 다거서고 싶다'로 끝났다. 1, 3연의 끝 행인 '잠들고 싶다'에 바로 앞 어절을 붙여서 쓰면 '음률로 잠들고 싶다'와 '몸부림으로 잠들고 싶다'가 된다. 여기서 '음율'이나 '몸부림'은 '잠들고 싶다'와 상반되는 이미지이다.

이로 보아 여기서 '잠들고'는 일상적인 의미의 잠들고가 아니다. 오히려 현실의 부조화나 불균형에서 생명적인 조화의 세계로 돌아가고 싶다는 의미이다. 고향으로 돌아가고 싶다라든가 마음의 평안을 희구하는 이미지이다.

그렇게 때문에 여기서의 '잠들고'는 그 말의 일상적인 의미인 죽음 의식이 아니라 오히려 삶의 본 자리인 존재에 대한 향수이다. 2, 4연의 끝 행에 나오는 '그대'도 마찬가지이다. "나비의 치솟는 춤사위로 그대에게 다가서고 싶다"라든가 "순전한 꿀벌의 사랑으로 그대에게 다가서고 싶다"에서 보는 바와 같이 생명의 핵심에 다가서고 싶다는 의미이다.

이도 역시 존재에 대한 향수이다. 인간의 본래의 고향인 '에덴'에 대한 그리움이나, 사람은 아담과 이브의 사건 이래 누구나 죄인이며, 죽음이 있는 타향에 던져진 존재이다. 그렇다면 이 작품에서 '그대'는 하나님이라고 할 수 있으며, 이 작품의 주제는 하나님에게 다가서서 영혼의 평안을 갖고 싶다는 것이다.

그러나 중요한 것은 이러한 주제가 아니라, 이러한 주제를 임시인이 종교적인 설교조나 관념적인 서술이 없이 시적 이미지로 형상화했다는 사실이다. 임종천 시인이 목사이면서도 이렇게 할 수 있었다는 것은 그의 시정신이 그만큼 치열하게 타올랐기 때문이리라.

발걸음들이 닭을 쫓고
어린아이가 스케치북을 들고 있었다.
나는 꿈도 아닌 환상을 보고 있다.
어디선가 풍악소리가 메아리인양 들려오는데

가슴은 오염된 물에 중독된 붕어 한 마리
거품을 토하며 몸을 비틀 듯 답답하다.
방안에는 곰팡이로 꽃밭을 이루어
나는 향기에 중독이 되고
나는 꿈도 아닌 환상을 보고 있는가?
마누라는 무수한 발걸음으로 나는 쫓는다.
나는 막다른 골목에서 나르려고 하였으나
닭은 날지 않는다는 통념 때문에 체념한다.
(그래도 날면 담은 넘을 수 있는데…)
내가 닭일까?
나는 쫓기는 내 모습을 스케치 하고
나는 꿈도 아닌 환상을 보고 있다.
마누라가 닭이 되어… 쫓기고 있다.

『꿈도 아닌 환상』 전문

시인은 에덴을 꿈꾸는 사람이다. 존재에 대한 향수를 누구보다도 절실하게 품고 있는 사람이다. 존재에 대한 향수란 신에 대한 사랑의 다른 표현이다. 인간이 에덴에서 쫓겨났기 때문에 다시 에덴에로의 복귀를 꿈꾸는 것이며, 신과의 교통이 끊어졌기 때문에 그 관계의 회복을 꿈꾸는 것이다.

그러나 이러한 존재의 회복을 꿈꾸는 사람은 현실에서, "가슴은 오염된 물에 비틀 듯 답답하다"라고 호소할 수밖에 없다. 시인은 현실의 "방안에는 곰팡이로 꽃밭을 이루어 나는 향기에 중독이 되고 나는 꿈도 아닌 환상을 보고 있는가"라고 자문을 할 수밖에 없다. 이 작품에서 현실과의 관계를 나타내는 것이 어린아이와 아내이다.

시인은 언제나 현실에서 쫓기고 있다. 그것을 '아내는 무수한 발걸음으로 나를 쫓는다'라고 했다. 시인은 현실에서 쫓겨 '나는 막다른 골목에서 나르려고 하였으나 닭은 날지 않는다는 통념 때문에 체념한다'라고 체념과 미련을 반복한다.

이것이 아마 존재에 대한 향수를 지닌 시인의 아픔으며, 또한 절대자를 향한 목자의 고뇌일 것이다.

①
외로운 몸뚱아리는 썩은 등걸
온 몸으로 슬픈 벌레들이 기어다닌다.
장수하늘소가 색종이 오리듯 햇빛을 다듬는 날
백로는 내 몸에서 벌레 사냥을 하고
마취제를 맞은 환자처럼
나는 황홀하게 까무러쳤다.
하늘은 파헤쳐진 가슴에 가루를 뿌렸다.
아아, 나는 허물어트려다오.
나를 불질러다오.
부서지고 바서져
그대 꽃을 향기롭게 하는 흙이 되고 싶다.

-『등걸』 전문

②
사막같은 그대의 몸뚱아리에
모세의 지팡이 닮은
나의 입술을 박아
오아시스에서 파닥이는 물고기와 같은
그대의 씽씽한 진실을 만나고 싶다.

모래바람이 부는
그대의 심전에 붉은 장미꽃을 피우고 싶다.

갈라진 홍해가
다시 닫치듯
그대의 두 손바닥에서
익사하는 쾌감도 맛보고 싶다.

-『모기에 관한 이단설 2』 전문

위의 작품 ①에서는 '외로운 몸뚱아리는 썩은 등걸'이라고 했으며, ②에서는 '사막같은 그대의 몸뚱아리'라고 했다. 여기서 말하는 몸뚱아리는 시인의 육신을 말함이다.

①에서는 화자가 바로 시인이며 ②에서는 모기의 입을 빌어 한 말이다. '썩은 등걸'과 같은 육신은 "마취제를 맞은 환자처럼 나는 황홀하게 까무러쳤다."라고 하여 육신이 썩은 등걸과 같이 파헤쳐졌을 때 하늘과의 새로운 만남이 이루어진다는 것을 보여 주고 있다. 그

러니까 썩은 등걸과 같은 몸뚱아리는 시인의 답답한 현실이다.

여기서 벗어나고 싶다. 존재에 대한 강열한 향수다. 시인은 다시 태어나고 싶다. 그래서 "나를 불러질러 다오, 부서지고 바서져 그대 꽃을 향기롭게 하는 흙이 되고 싶다"라고 호소하는 것이다.

작품 ②에서는 모기의 입을 빌어 '사막같은 그대의 몸뚱아리'라고 했다. 이제 모기는 모기가 아니라 시인의 또 다른 자아인 것이다. 그래서 "모세의 지팡이 닮은 나의 입술을 박아 오아시스에서 파닥이는 물고기와 같은 그대의 씽씽한 진실을 만나고 싶다"라고 한다.

그리고 "그대의 심전에 붉은 장미꽃을 피우고 싶다"라고 하는가 하면 "그대의 두 손바닥에서 익사하는 쾌감도 맛보고 싶다"라고 한다. 이것은 무엇을 말하고 있는가?

존재를 회복하기 위하여, 에덴에 복귀하기 위하여, 하나님과의 관계를 회복하기 위하여 순교라도 하고 싶다는 시인의 신앙고백인 것이다.

임종천 시인은 이러한 신앙고백을 기독교적인 아무런 냄새도 풍기지 않고 한편의 시로 형상화 한 것이다. 이것은 임종천 시인이 시와 신앙의 새로운 만남을 이룩했다는 것을 의미한다.

상식적으로는 신앙과 시는 시로 상반되는 것이라고 생각하기 쉽다. 특히 고식적인 기독교인은 목사가 시를 쓴다면 목사로서 타락하는 것이 아닐까라고 염려할지도 모른다.

그래서 나는 시가 곧 하나님과의 만남이라고 앞에서 역설했던 것이다. 임종천 시인에게서 나의 이러한 시론이 증명되었다고 할 수 있지 않을까.

꽃물을 들였어요
빨갛게
고백할 수 없어요
부끄러워서
발자국 소리에도 가슴이 콩콩 뛰어요.
팍, 터질 것 같아서
빨간 손톱으로 그대의 가슴에 생채기 낼거예요.
미워서

-『봉선화』 전문

우리 와락 끌어안고
저 절망의 낭떠러지를 넘어
폭포수같이 시퍼런 강물이 될까요?
유혹하는 너의 불타는 눈빛

너를 안으면
단 하루를 살아도
만년을 사는 것 같다.

-『양귀비 꽃』 전문

꽃은 자연의 사랑고백이다. 꽃은 하나님이 주신 사랑의 마음을 가장 잘 나타낸다. 꽃들의 이처럼 은밀한 사랑의 고백을 임종천 시인은 들었던 것이다. 또한 꽃들이 온 몸으로 써내는 연서를 읽은 것이다. 여기서는 두 편만 인용했지만 22편의 꽃시가 더 있다.

어떤 꽃말보다도 감동적인 꽃들의 사랑고백이다. 꽃은 꽃다운 것이다. 봉선화는 봉선화답고, 양귀비 꽃은 양귀비 꽃답다. 봉선화가 수선화와 같을 수는 없다. 봉선화의 그 빛깔과 꿈은 하나님이 주신 것이다.

이러한 하나님의 뜻을 임종천 시인은 듣고 읽은 것이다. "발자국 소에도 가슴이 콩콩 뛰어요/ 팍 터질 것 같아서"라는 봉선화의 사랑고백을 들어보라. 양귀비 꽃의 타는 듯한 개화 앞에서 "유혹하는 너의 불타는 눈빛/ 너를 안으면/ 단 하루를 살아도/ 만년을 사는 것 같다"라고 노래하는 것은 꽃의 피어남에서 영원을 읽은 시인의 고백이다.

종교는 이론이 아니다. 우리의 마음이 가장 큰마음인 하나님과 만나는 것이다. 그러나 하나님과의 만남이란 말도 추상적이다.

공자도 "하늘이 무슨 말을 하는가. 사시가 운행하고 만물이 소생하는데 하늘이 무슨 말을 하겠는가"라고 했다. 꽃에서도 하나님을 만나고, 바람 속에서도 하나님을 만나고, 빗소리와 눈송이에서도 하나님을 만날 수 있다. 이처럼 구체적인 이미지로 하나님과의 만남을 노래하는 것이 시인이다.

그러니까 시도 이론이 아니다. 종교나 문학의 이론은 관념이다. 특히 종교적 관념에 사로잡히면 시적감각이 무디어 진다는 말이다. 그래서 시가 아닌 설교조의 넋두리를 늘어놓게 마련이다. 그런데 임종천 시인은 종교적 관념을 시적 이미지로 형상화하고 있다.

그는 설교하지 않고, 서술하지 않고 시로 꽃피우고 있다.

그대는
내 외로운 등을
따뜻하게 어루만져 주는
눈물방울

나는
그대 눈물방울 속으로
걸어들어가
詩를 쓰는
붕어

-『나사렛 예수』 전문

이 작품은 임종천 시세계를 그대로 보여 주는 작품이다. 임종천의 시론이면서, 종교이면서, 삶 자체이다. “내 외로운 등을/따뜻하게 어루만져 주는/눈물 방울”과 같은 주님의 사랑 속에서, "나는/그대 눈물 바울 속으로/걸어들어가/詩를 쓰는 붕어"라고 고백하고 있다.

주님의 사랑 속에서 숨쉬는 붕어이다. 주님의 사랑은 그에게 있어서 생명 그 자체이다. 그리고 그것을 시로 형상화 하는 것이 바로 그의 삶 자체이다.

나는 임종천 시인에 대해서 개인적으로는 깊이 알지 못하지만, 그러나 그의 시를 통하여 임종천 시인의 생명과 삶을 얼굴을 마주 대하듯이 명확하게 알 수 있었다고 말할 수 있다.

그의 신앙과 시가 더욱더 주님에게 다가서기를 비는 마음으로 이글을 마친다.